REINALDO DOMINGOS

NIGO EM

A CHARADA DA ESCOLA RUBI

ILUSTRAÇÕES: SABRINA ERAS

PRESIDENTE
REINALDO DOMINGOS

DIRETORA PEDAGÓGICA
ANA ROSA ORELLANA VILCHES SOPRANI

EDITORA DE TEXTO E PROJETO EDITORIAL
RENATA DE SÁ

EDITORA DE ARTE E PROJETO GRÁFICO
CHRISTINE BAPTISTA

DIAGRAMADORA
PRISCILLA ANDRADE

ROTEIRISTA
DANIELA NASCIMENTO

EDITOR DE TEXTO
ANDREI SANT'ANNA

ILUSTRADORA
SABRINA ERAS

REVISORA
PATRÍCIA DOURADO

IMPRESSÃO
FORMA CERTA

DADOS INTERNACIONAIS DE CATALOGAÇÃO NA PUBLICAÇÃO (CIP)
(CÂMARA BRASILEIRA DO LIVRO, SP, BRASIL)

Domingos, Reinaldo
A charada da escola rubi / Reinaldo Domingos;
ilustrações Sabrina Eras. -- São Paulo :
Editora DSOP, 2018.

ISBN: 978-85-8276-323-0

1. Dinheiro - Literatura infantojuvenil
2. Finanças - Literatura infantojuvenil
I. Eras, Sabrina. II. Título.

18-19086 CDD-028.5

ÍNDICES PARA CATÁLOGO SISTEMÁTICO:
1. Educação financeira: Literatura infantojuvenil 028.5
2. Educação financeira: Literatura juvenil 028.5

Escrita por Reinaldo Domingos, PhD em educação financeira, esta história conta, a partir do ponto de vista de Nico, um menino empreendedor, filho do meio do casal Paulo e Maria, que existem sonhos materiais e, principalmente, que existem sonhos não materiais, aqueles que não precisam de dinheiro para serem realizados. Embasados na **Metodologia DSOP** (Diagnosticar, Sonhar, Orçar e Poupar), os personagens procuram nos ensinar, de forma lúdica, como encarar desafios, resolver conflitos e realizar sonhos de uma maneira bastante envolvente e buscando o que cada membro da família tem de melhor para oferecer.

A obra foi desenvolvida de modo que a criança contribua para a construção do livro. Por isso, a todo momento, ela é convidada a participar da história, seja por meio de uma reflexão sobre determinado assunto, seja ao precisar completar um desafio para seguir adiante com a leitura. As ilustrações, feitas em *pixel art*, lembram as telas de um videogame, o que reforça ainda mais a proposta de fazer com que a criança avance somente após "passar de tela", isto é, depois de solucionar o desafio daquela página.

Complementar à *Coleção dos Sonhos para Educação Financeira*, o livro *A Charada da Escola Rubi* foi desenvolvido e fundamentado na neurociência, o que contribui para ensinar o tema educação financeira em conjunto com as disciplinas curriculares. Além disso, o material tem como proposta aprofundar as questões já trabalhadas na coleção, além de valores como empreendedorismo, amizade, respeito ao próximo e autonomia. É uma obra que se adequa ao projeto pedagógico das instituições de ensino, possibilitando ser trabalhada de forma interdisciplinar.

Para saber mais, acesse o canal *Dinheiro à Vista* no YouTube.
Lá você encontrará um conteúdo exclusivo para o aprimoramento e o reforço da educação financeira, com temas diversificados que agregam valor aos conceitos e práticas a serem implementados.

Canal Dinheiro à vista

ANO NOVO, MISTÉRIO NOVO

– E aí, turma, todos preparados? Ano novo, mistério novo, caso novo! – disse André para os amigos.

Não fazia nem 24 horas que eles tinham se despedido no portão do parque de Guatinga, onde haviam se divertido a tarde inteira andando de skate e patins; por isso, Nico, Olívia, Fred e Tomoko acharam graça no jeito de André.

– Feliz "novo ano" pra você também, André! Como passou de ontem para hoje? – brincou Nico.

– O que eu quero dizer é que, com a volta às aulas, podemos também retomar os trabalhos dos Agentes DSOP. Agora que estamos no 4° ano, temos ainda mais competência e inteligência para lidar com todos os tipos de casos, até os mais escabrosos envolvendo perseguições, espionagem industrial ou seres de outro planeta. Ou, quem sabe, tudo isso junto!

– Nossa, esse menino é um bisbilhoteiro nato – comentou Fred.

– Nada disso! Só estou treinando para fazer parte de uma agência de inteligência internacional ou me tornar um detetive particular no futuro. Não decidi ainda qual dos dois rumos tomar – respondeu André.

Todos se olharam como se não acreditassem no que tinham acabado de ouvir. Tomoko quase caiu na risada, mas Fred cutucou a amiga e, enquanto a professora entrava na sala e cumprimentava a classe, cochichou:

– Se o sonho do André for mesmo ser detetive, não devemos tirar sarro dele. Ele fala disso há anos e sempre que pode empreende tempo nas investigações. Acho que ele está certo em correr atrás do que quer.

Na escola, eles descobriram que alguns alunos do Ensino Fundamental II fariam uma apresentação muito diferente no anfiteatro. Cada participante teria direito a dez convites, pois o local não comportava todos os alunos. Nico e os colegas ficaram bem animados com a possibilidade de assistirem ao espetáculo, mas será que conseguiriam ingressos? Nico lembrou que sua irmã estudava no sexto ano e que certamente participaria do evento.

Durante o trajeto de volta para casa, André voltou a falar sobre os agentes, e Titi, sempre esperto e ligadíssimo nos assuntos das crianças mais velhas, disse que também queria participar da equipe.

– Não, não, nem pensar! Você ainda é muito pequeno; nem sabe direito o que é um caso ou um mistério – cortou Nico, para decepção do irmão.

– Nico, você pegou pesado com ele – reclamou André, em voz baixa. – Você já se esqueceu de que, na idade dele, conseguimos resolver o caso do sumiço dos animais?

Nico deu de ombros, demonstrando que não pretendia levar adiante a conversa.

Já em casa, o garoto confirmou que Lelê participaria da apresentação na escola e pediu cinco convites para sua turma.

– Nico, acho que não dá, pois também quero chamar meus amigos. Além do mais, por que eu daria metade dos meus convites para você? – disparou Lelê.

– Porque... Porque... Bom, porque eu posso arrumar a sua cama todos os dias durante um mês – sugeriu o garoto. – E lavar a louça no seu lugar, levar o Bira para passear, colocar o lixo para fora e...

– Não, Nico, não vai rolar. Sinto muito – interrompeu a menina, fechando a porta do quarto na cara do irmão.

Inconformado, Nico foi fazer a lição de casa. Titi, por sua vez, não parava de pensar na conversa sobre os Agentes DSOP. Ele estava determinado a achar um caso.

– Se eu descobrir algo interessante, o Nico me aceitará como o novo detetive da equipe.

Enquanto Nico estudava no quarto, Titi aproveitou a oportunidade para arrancar do pai informações sobre mistérios e casos.

– Ah, era só o que faltava! Mais um aspirante a investigador em casa – comentou Paulo, sorrindo. – Vamos lá, meu caçulinha, o que você quer tanto saber?

Assim que Titi pisou na Escola Rubi ficou ligadíssimo em tudo o que acontecia. Pouco antes de a aula terminar, reparou em dois meninos que cochichavam observando um pedaço de papel. O sinal tocou, eles o jogaram no lixo e saíram para o intervalo. Assim que a sala ficou vazia, Titi foi até a lata e pegou o papel. Era um enigma! Titi achou a folha que os colegas amassaram, mas não entendeu nada: o conteúdo eram códigos que não faziam o menor sentido.

Titi não conseguiu resolver o enigma em um primeiro momento, mas vasculhou o lixo novamente e encontrou outro papelzinho. Será que agora ele é capaz de decifrar a mensagem? Vá até a página 83 e recorte o decdificador da mensagem que Titi encontrou. Decifre o código e escreva-o abaixo.

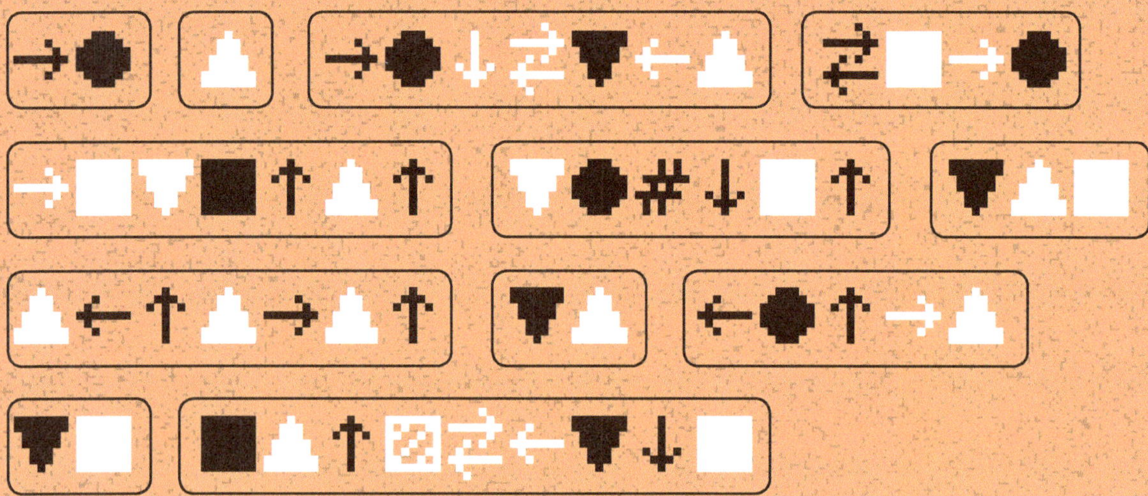

Satisfeito por decifrar o enigma, Titi correu ao local indicado, mas não encontrou ninguém nem indício algum de que algo estava acontecendo no parquinho.

Na volta para casa, Titi mostrou o papel para Nico. O irmão o ignorou e mudou de assunto. No dia seguinte, na hora do intervalo, Titi aproveitou que Nico e os outros agentes estavam reunidos e mostrou-
-lhes o papel novamente.

– Gente, tem algo estranho acontecendo na escola! Precisamos investigar!

Os olhos de André ficaram arregalados. Ele até chegou a demonstrar um certo interesse pela história, mas logo desistiu, porque os demais não queriam Titi na equipe. Apesar da reação negativa do irmão e de sua turma, Titi resolveu não se dar por vencido.

O AGENTE "CAFÉ COM LEITE"

Alguns dias depois, Titi ficou intrigado ao ouvir uma conversa entre Lelê e a mãe, Maria. A irmã mais velha contava detalhes sobre sua mudança para o sexto ano:

– O Fundamental II é bem diferente, mãe. Ainda estou me acostumando com o fato de ter um professor para cada matéria. Além disso, alguns alunos saíram da escola e outros novos chegaram.

– E você já fez novos amigos, Letícia?

– Converso bastante com a Suzana, que estudava em outra cidade. Ela é bem legal e divertida, mas um pouco esquisita de vez em quando.

– Esquisita, como? – quis saber Maria.

– Ah, não sei explicar muito bem, mas acho que ela tem um comportamento meio estranho... Volta e meia some depois de dar uma desculpa qualquer.

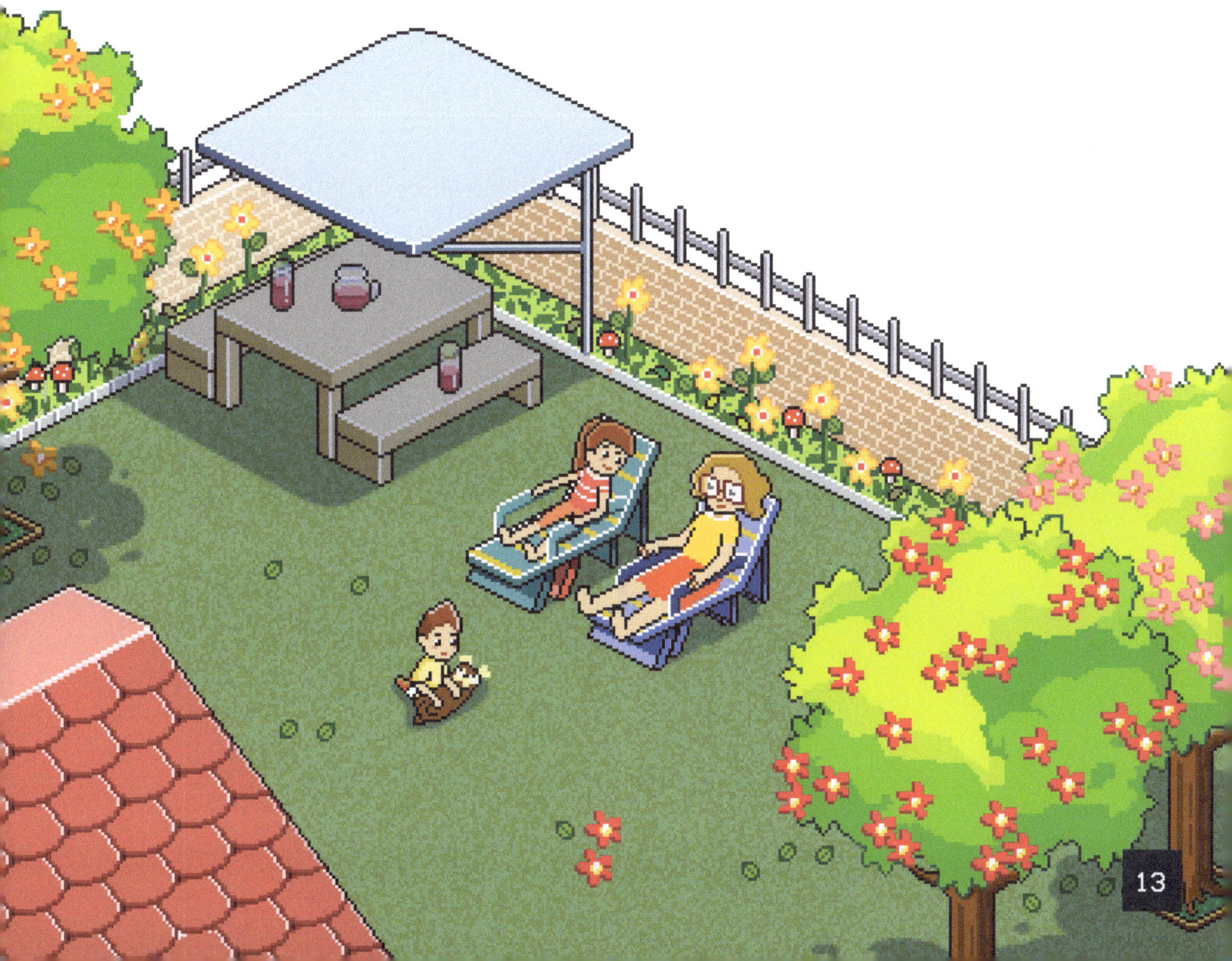

Titi escutou toda a conversa atentamente e, entusiasmado, bateu à porta do quarto de Nico para lhe contar sobre a misteriosa Suzana. O irmão estava ocupadíssimo, terminando um trabalho escolar complicado de produção de texto, e não pôde parar naquele momento. Restou a Titi ter paciência e esperar.

Alguns dias depois, enquanto retornava da escola com Nico, André e Lelê, Titi esperou a irmã andar à frente com a mãe deles para abrir o jogo com os meninos sobre suas desconfianças.

– Tenho um caso para nós, gente! A Lelê tem uma amiga nova bem estranha, cheia de mistérios – contou.

André imediatamente se empolgou. Nico, a princípio, não se exaltou, mas logo mudou de assunto para terminar a conversa com o irmão. Naquela tarde, André passaria na casa de Nico, pois os garotos resolveram estudar juntos. Lá ele viu uma boa oportunidade para sondar Lelê.

– Um passarinho me contou que sua nova amiga tem atitudes meio estranhas, mas é legal. Nico e eu podemos resolver esse problema para você, que tal?

– Que problema, Nico? A Suzana não tem problema nenhum; e eu só comentei com a mamãe que ela some de vez em quando. Não deve ser nada sério.

– Será mesmo que não é nada sério, Letícia? – André indagou em tom de mistério com um pouco de risada. – E se a sua nova amiga for uma agente da CIA? Ou uma extraterrestre? Ou tiver segredos militares escondidos na mochila? – disparou, deixando a garota boquiaberta e zonza com tanta informação.

– O que o André está querendo dizer – cortou Nico, olhando torto para o amigo – é que você poderia contratar os Agentes DSOP para desvendar o que há por trás de todo esse mistério.

– Sei. E quem seriam essas pessoas?

– Nós dois aqui, em carne e osso. E também o Fred, a Olívia e a Tomoko.

– Ah, tá. Meninos, eu tenho mais o que fazer e vocês também precisam estudar... – dispensou Lelê.

– Calma, Lelê! Não somos amadores, temos experiência! Você esqueceu que solucionamos o mistério do sumiço dos animais da Praça Diamante? – questionou André.

– Não esqueci, não, e não esqueci também que eu dei uma enorme ajuda à investigação.

– Tá bom, tá bom, já vi que vocês não vão mesmo me deixar em paz enquanto eu não aceitar – rendeu-se a menina. – Quais são os primeiros passos?

– Bom, acertar o pagamento. Como você é nossa conhecida, vamos cobrar bem baratinho – começou Nico, que a essa altura já estava gostando da ideia.

– O quê?!?! Domênico, eu não acredito que você vai ter coragem de exigir pagamento da sua própria irmã – disse Lelê, que só chamava o irmão pelo nome quando estava realmente zangada.

– E você não vai precisar mexer nas suas preciosas economias. Queremos cinco convites para o espetáculo.

– Nico, é o seguinte: só vou passar o caso da Suzana se vocês aceitarem o Titi como um dos detetives.

Na manhã seguinte, assim que chegou à Escola Rubi, André mandou um bilhete para os demais avisando-os de uma reunião secreta no intervalo. Quando todos estavam juntos, Nico e André falaram a respeito do caso de Lelê. Contaram que ela pagaria a investigação com os ingressos, mas que exigia que Titi fizesse parte do trabalho. Olívia e Fred logo concordaram e André, para chateação de Nico, afirmou que não via nenhum problema nisso. Nico e Tomoko, entretanto, consideravam Titi muito novo e que ele poderia mais atrapalhar do que ajudar. Depois de muito conversarem, chegaram à conclusão de que aceitariam o caso e deixariam Titi participar "um pouco" dele.

– Ele vai ser um agente DSOP "café com leite". Como é muito novinho, ficará com as tarefas menos importantes – determinou Nico.

Alheio às desconfianças de Nico, Titi reparou em outro papel muito parecido com o do enigma que havia recolhido do lixo. Agora, entretanto, não encontrou o código. Ao voltar para casa, Titi comparou os dois enigmas, mas, no segundo, os códigos não combinavam com as letras, e o menino não conseguiu decifrá-lo. Depois de várias tentativas, Titi conversou com a mãe sem revelar muito o que estava fazendo. Maria deu-lhe, então, uma dica valiosa.

Na página 85, há uma nova peça que ajudará Titi. Recorte-a e cole-a no decodificador que foi utilizado para fazer o exercício anterior. Em seguida, escreva o que o garoto descobriu.

Dica: às vezes, para encontrarmos uma resposta, precisamos revirar tudo de ponta-cabeça.

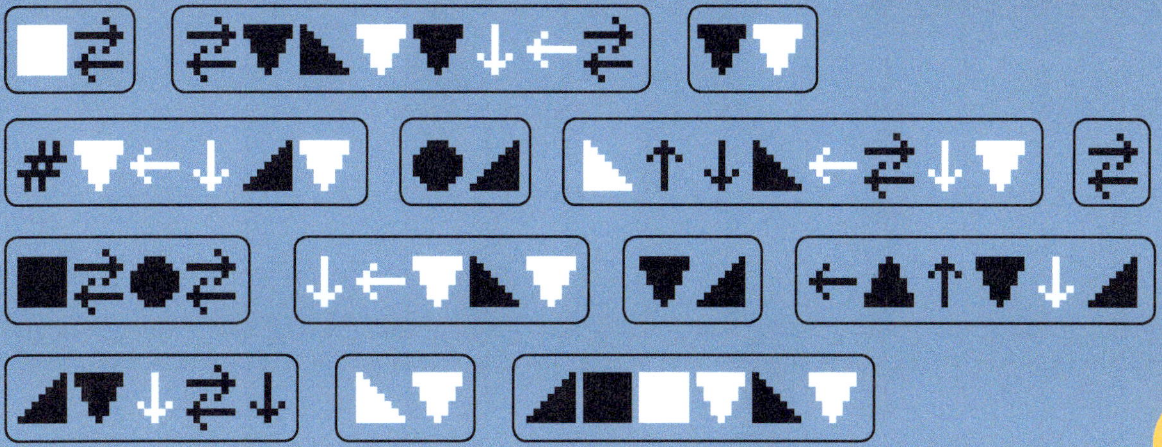

A QUADRINISTA

Titi acordou animado. Afinal, era o primeiro dia como um detetive de verdade e ele não via a hora de mostrar à turma o bilhete. Mal conseguiu se concentrar na aula de matemática, que adorava. Na hora combinada, todos se encontraram na cantina para conversar. Infelizmente, com exceção de André, os demais – para variar – não deram muita bola para a sua descoberta.

Tomoko alegou que já era sexta-feira e, como o enigma se referia à quinta-feira, não fazia sentido tentar investigar algo com "atraso".

– Deve ser alguma brincadeirinha típica de crianças do primeiro ano – ponderou Olívia.

Titi insistiu que algo muito bizarro vinha acontecendo na escola e que era obrigação de todos eles, como detetives, descobrir. Nico viu nas reclamações do irmão uma oportunidade de se livrar dele. Pediu silêncio a todos e falou:

– Ok, talvez esses bilhetes tenham mesmo alguma importância.

– Mas você não acha que... – disse Tomoko.

– Shhhh – interrompeu Nico, observando Titi sair dali correndo, todo alegre. – É melhor que ele fique mesmo focado nesses bilhetes; assim não atrapalha a investigação sobre a Suzana.

– E por onde começamos? Eu não tenho a menor ideia de quem é essa tal Suzana – disse Olívia.

– Os horários de intervalo e saída do Fundamental II são diferentes dos nossos – lembrou André. – É melhor a Lelê nos mostrar quem é a Suzana na segunda--feira, assim que chegarmos à escola. Sem que a menina perceba, é claro.

– Verdade. Assim que entrar em casa também vou pedir para a Lelê passar a anotar os horários em que a garota costuma sumir; depois nós cruzamos essas informações com outras que surgirem no caminho – declarou Nico.

Na segunda-feira, pouco antes de o sinal para a primeira aula tocar, Lelê mostrou aos garotos quem era a Suzana. Fred, vendo a garota sentada, lendo um livro, se encantou por ela.

– Uau, ela é bonita... – suspirou, enquanto André e Nico reviravam os olhos e Titi dava uma risadinha.

Nico, André, Tomoko, Olívia e Fred elaboraram um plano. Titi não participou da reunião porque queria observar se algo fora do comum acontecia em sua sala. A estratégia era a seguinte: todo dia, no intervalo do Fundamental II, um deles pediria licença à professora para ir ao banheiro. A ideia era montar um rodízio e, assim, tentar descobrir algo sobre a garota. Afinal, eles não poderiam sair juntos da aula todos os dias. Dessa forma, cada um ficaria fora alguns minutinhos e ninguém desconfiaria de nada. Eles também combinaram que esticariam um pouco o tempo de permanência na escola e até mesmo estudariam na biblioteca no período da tarde – tudo isso para ver se a garota deixava alguma pista.

E, assim, colocaram em prática o plano durante a semana. A cada dia, um saía para dar uma espiadinha em Suzana no intervalo do Fundamental II. Não viram, no entanto, muita coisa além de atitudes rotineiras. Por exemplo: às vezes ela ia ao banheiro, o que não era nem de longe uma ação fora do comum. Quando não levava o próprio lanche, escolhia alguma coisa para comer na cantina. E costumava passar boa parte do intervalo na companhia de Lelê e outros amigos da sala. Ao fim da segunda semana de investigação, o desânimo tomou conta dos agentes, pois eles não tinham descoberto ou visto nada de diferente.

Lelê contou para Nico que, naquele dia, Suzana tinha saído para ir ao banheiro um pouco antes do intervalo do Fundamental I.

– Não deve ser nada de mais. Ela deve ter tomado bastante água depois da educação física – comentou a menina.

– Não sei, não, Lelê... A Olívia também viu a Suzana no banheiro na hora do intervalo de vocês. Para mim, isso parece suspeito.

– Vou observar melhor as saídas dela – prometeu a menina.

– Tive uma ideia: vou montar uma tabela com os dias e horários de todos os sumiços da Suzana para fazer uma análise minuciosa – argumentou Nico.

E, assim, a investigação prosseguiu por mais algumas semanas. Tomoko, prática como sempre, já estava desanimada. Foi então que, analisando a tabela montada por Nico com cuidado, eles se deram conta de que Suzana sempre saía no horário do intervalo do Fundamental I ou durante a saída deles.

– Se nós despistarmos os auxiliares que cuidam das crianças menores, vamos poder seguir a Suzana nos horários em que estamos livres – disse André.

Não foi tão fácil como imaginaram. Sempre que os cinco chegavam à porta da sala da menina, ela já tinha saído ou estava voltando.

– E se ela estiver fazendo algo proibido na escola? Pensem bem: ela costuma sumir bem nos horários em que os professores estão ocupados – observou Olívia.

– Turma, será que a amiga da Lelê está roubando informações da sala dos professores? Será que ela está vendendo as respostas das provas? – questionou André.

Os outros, dessa vez, foram obrigados a concordar com a teoria maluca de André.

– É, até que faz sentido – determinou Tomoko.

Enquanto isso, Titi continuava cismado com os enigmas de sua sala e passou a prestar mais atenção aos colegas de classe que tinha visto com o papel da primeira vez. E, em um belo dia, flagrou os dois conversando sobre um bilhete com um código. Como já era esperado, os meninos leram e o jogaram fora. Titi esperou, pacientemente, a sala ficar vazia depois do sinal do recreio, pegou o papel no lixo e, para sua felicidade, viu que continha um novo enigma. Agora, Titi estava preparado para decifrá-lo e tirou o código que leva escondidinho na mochila.

Titi comparou os códigos anteriores com o da nova mensagem, mas percebeu que o novo era bem diferente. Ao virar o papel, viu que lá havia dicas para decifrar o enigma. Recorte no fim do livro, na página 87, o bilhete que Titi encontrou e complete a seguir o que ele desvendou.

(1) (17)U(1)(18)(20)A

A QUARTA...

Titi achou esse novo enigma um tanto complicado e foi correndo mostrá-lo aos outros agentes antes que o intervalo terminasse, mas ninguém deu importância.

– Isso não tem nada de especial – resmungou Nico. – Nós temos de encontrar algo relevante sobre a Suzana.

No dia seguinte, Carla, mãe de André, se atrasou, e as crianças chegaram à Escola Rubi bem na hora em que tocou o sinal. Titi ainda correu para passar na sala de informática, mas não encontrou ninguém lá. Ele notou, no entanto, quando os amigos de classe que jogaram fora os enigmas entraram na sala com algumas revistinhas em quadrinhos. Titi pretendia pedir para vê-las, mas a professora começou a fazer a chamada.

No intervalo, pediu aos colegas que o deixassem dar uma olhadinha nas revistas.

– Que desenhos legais; nunca vi nada desse jeito! – exclamou. – Onde vocês conseguiram isso?

– Compramos aqui mesmo, dentro da escola – respondeu um dos meninos, que se chamava Enzo.

– Uma aluna faz e vende – completou o outro, cujo nome era Nicolas.

– Como ela se chama?

– Nós não sabemos. Ela é conhecida como "a quadrinista".

A QUADRINISTA

O SEGREDO DE SUZANA

– Quadrinista? Que quadrinista? Do que você está falando? – perguntou Fred.

Titi respirou fundo e contou tudo o que investigou sobre os enigmas, as pistas e os locais de encontro.

– E aí, não tem tudo a ver? – disse Titi, animado.

– Não sei, não, Titi... A Lelê nunca mencionou que a Suzana desenhava. E por que ela não oferece os quadrinhos na própria sala? Não faz sentido.

André reforçou a tese de que ela conseguia mesmo as informações sobre as provas e as vendia para os colegas. Titi não se conformava com a teimosia dos outros agentes e foi embora pisando firme, bufando.

– Vocês ainda vão me dar razão!

À tarde, durante a volta para casa, Titi abordou Lelê e a questionou sobre Suzana. Lelê admitiu que nunca viu Suzana vendendo nada – muito menos desenhando.

– Se ela vendesse algo na escola, teria de sair pelos corredores com uma mochila ou uma pasta para carregar as tais revistinhas, né? Mas ela nunca leva nada.

Nico, vitorioso, disse para Titi que a hipótese dele estava oficialmente descartada.

O período das provas bimestrais se aproximava, o que levou Nico e os outros a perceber uma grande oportunidade para testar a hipótese de André: se Suzana estivesse mesmo usando os horários de aula para entrar na sala dos professores e conferir as questões e as respostas das provas, essa seria a época perfeita para isso!

Durante o intervalo, os cinco elaboraram outro plano, pois sabiam que Suzana saía um pouco antes de o recreio deles acabar. Eles se dividiram em três duplas.

Fred e Tomoko ficaram responsáveis por vigiar os passos da garota. Nico e Olívia montaram guarda em frente à sala dos professores do Fundamental II. É óbvio que teriam de arrumar alguma desculpa esfarrapada para justificar a presença deles ali. Já André e Titi ficaram encarregados de vigiar o pátio para conferir se Suzana iria para outro lugar.

A estratégia foi colocada em prática durante uma semana inteira, mas nada de surpreendente ocorreu. As provas começaram, e eles ainda não tinham nenhuma informação nova sobre Suzana. Lelê, inclusive, confirmou que naquela semana a amiga não havia saído da sala em ocasião alguma. Nico, Fred, Tomoko, Olívia e André decidiram, então, se concentrar em estudar para tirar boas notas e tentaram esquecer um pouco a investigação. Titi optou por ficar calado e colocar o próprio plano em ação.

No dia seguinte, quando o sinal do intervalo tocou, Titi "voou" em direção à sala de Nico. Assim que encontrou Fred, o primeiro a sair, disse que tinha acabado de ver Suzana indo para a Biblioteca Safira.

– Chame os outros e vão todos para lá! – gritou, correndo de novo.

Ao chegar à biblioteca, Titi notou algumas crianças da sua classe com uma atitude suspeita – parecia que estavam rondando uma menina de capuz que entregava uma revista para um menino.

Quando as crianças chegaram, Titi estava em pé olhando o que acontecia pela janela da Biblioteca Safira.

– Nico, olhe bem! – falou Titi. – É mesmo a Suzana!

Apesar do estado de surpresa, Nico deu razão para o irmão.

–Tá bom, Titi, parabéns pelo ótimo desempenho. – Agora precisamos correr atrás de mais detalhes. Por exemplo: como ela vende as revistas se sempre sai da sala de mãos vazias?

– Verdade... E por que as vende? Será que precisa de dinheiro para comprar alguma coisa? – questionou Olívia.

– Engraçado como a Lelê não sabia de nada... – emendou Nico.

– Talvez a Suzana venda as respostas das provas escondidas dentro das revistas – disparou André, mas ninguém deu bola para ele.

Os amigos combinaram, então, que coletariam mais provas e evidências. Para felicidade de Titi, o garoto passou a assumir um papel-chave na operação.

A nova missão de Titi era descobrir com os colegas a próxima entrega das revistas. Assim, eles poderiam tentar obter as respostas que queriam diretamente com Suzana.

Quando teve oportunidade, Titi comentou com os amigos que ficou interessado nas revistas e queria saber onde e como comprá-las. Eles explicaram que a quadrinista costumava avisar das novas edições por meio de um enigma.

– Só quem o acerta pode comprar o próximo exemplar – falou Rafael.

– Eu gostaria de comprar o primeiro número; será que consigo? – indagou Titi.

– Nós podemos tentar falar com ela – avisou Luiza.

Alguns dias depois, Rafael entregou para Titi um enigma. Ele informou que a resposta o levaria ao local do encontro com a quadrinista. Com a ajuda de Olívia, Titi desvendou bem rapidamente o enigma, e os dois combinaram um encontro no dia seguinte, no anfiteatro, antes do início das aulas.

Como o gasto com a compra das revistas não estava nos planos dos agentes, eles fizeram uma "vaquinha": cada um deu um pouco de dinheiro para financiar a aquisição. Titi comprou o exemplar número um e Olívia, o dois. Frente a frente com Suzana, Olívia tentou puxar assunto e descobrir alguma coisa. Mesmo sabendo a verdadeira identidade dela, perguntou qual era seu nome.

– Por favor, me chame apenas de "a quadrinista" – respondeu a garota.

Insistente, Olívia contou que tinha vários amigos interessados em comprar as revistas.

– Por que você não vende os gibis para todo mundo? – questionou.

– Não quero chamar a atenção de nenhum professor ou funcionário da escola.

– E como você... – começou Olívia, mas Suzana a cortou.

– Preciso ir, minha aula vai começar – disse, encerrando a conversa.

Na hora do intervalo, os agentes se reuniram para definir os próximos passos. Agora eles tinham uma prova – a revista –, que Titi lia durante a reunião e cuja história o deixou bastante compenetrado, além da justificativa de Suzana sobre não querer chamar a atenção dos professores.

Os agentes ainda precisavam de mais respostas – e com urgência, porque a data do espetáculo do Fundamental II se aproximava.

Nico sugeriu que Olívia abordasse Suzana de novo e pedisse mais revistas para os amigos – no caso, ele e André –, pois assim poderiam tentar arrancar mais informações dela. No dia seguinte, Olívia decidiu esperar Suzana na porta da sala dela para não correr o risco de perdê-la de vista; logo que a viu, pediu que trouxesse mais revistas. Suzana ficou bem irritada com o encontro, mas acabou entregando um bilhete com mais um enigma.

Após desvendarem o código, Nico, Olívia e André esperaram ansiosamente pelo encontro com Suzana na biblioteca, durante o intervalo. Já estavam quase desistindo quando a menina apareceu com algumas revistas. André comprou os números um e dois; Nico, o terceiro volume; e Olívia, o quarto.

– A história que você inventou é muito legal. Por que você vende as revistas? Está precisando de dinheiro? – disparou Nico, sem sutileza alguma.

– Essa é uma pergunta muito pessoal, garoto. Nós nem nos conhecemos direito – respondeu Suzana, deixando Nico vermelho de vergonha. – Mas não vejo problema em responder: vendo meus gibis porque gosto, mas também porque estou poupando para fazer um curso superbacana de desenho com aquarelas.

– E você aproveita para esconder as respostas das provas nas revistas? Tem um código secreto para isso também? Aiiiiii! – disparou André, levando um pisão de Nico no pé.

Quando ela saiu, eles comentaram o que tinham acabado de descobrir: a menina fazia as revistas porque gostava e porque precisava do dinheiro para um curso. Mesmo assim, ainda não estavam convencidos e decidiram manter a vigilância em cima dela, na medida do possível. Alguns dias depois, na hora do intervalo deles, Suzana entregou um bilhete com um novo enigma e saiu. Eles ficaram animados, pois a mensagem deveria conter a data e o local da venda do próximo número.

Titi percebeu que o bilhete foi escrito com o mesmo código da primeira mensagem e correu para pegar na mochila o papel. Utilize o decodificar do enigma da página 10 e descubra o que a quadrinista escreveu.

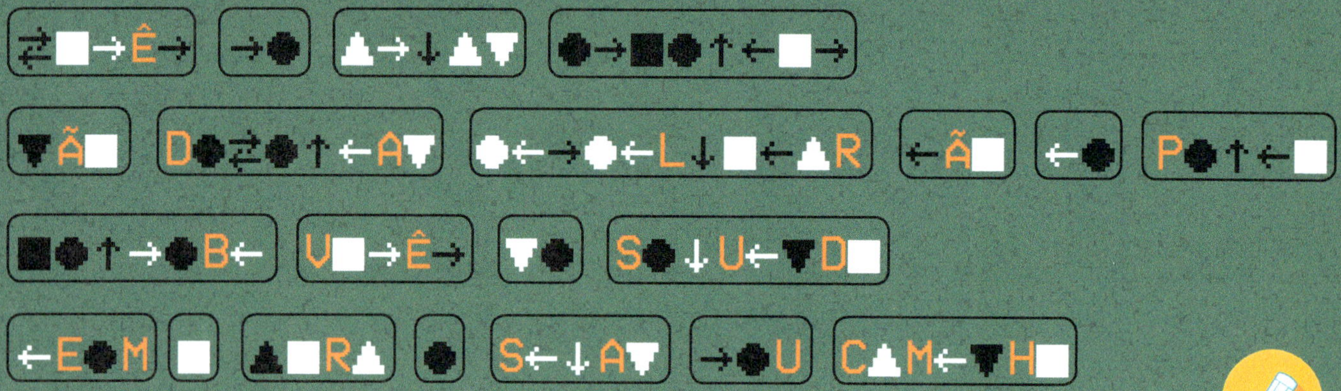

Os seis amigos ficaram perplexos! Ela tinha descoberto tudo. Como? Nico deu uma bronca em André:

– A culpa foi sua. Quem mandou fazer aquela pergunta boba sobre as respostas das provas? Ela ficou desconfiada! – reclamou.

– Nada a ver, Nico! Com certeza a Suzana reparou que a gente estava de tocaia na porta da sala dela! A Olívia não é nem um pouco discreta e...

Tentando apaziguar os ânimos, Tomoko sugeriu que Nico e Titi tentassem conversar com Suzana. E assim eles fizeram. Ao encontrar Suzana, Nico disparou:

– Não entendemos direito o seu recado. Não estamos investigando nada. Só queremos comprar mais revistas. Suas histórias são incríveis.

– Engraçado, em nenhum momento eu usei a palavra "investigando" – alegou Suzana, com uma expressão bem séria. Ela olhou bem para eles e, então, se deu conta:

– Vocês são os irmãos mais novos da Lelê, não são?

Foi quando Titi ficou nervoso e acabou dando com a língua nos dentes:

– Não fique brava com ela! Ela gosta muito de você, mas estava preocupada com os seus desaparecimentos da sala de aula – revelou, suando frio.

– O quê? Ao se dar conta de que a amiga era a responsável por toda aquela confusão, saiu pisando duro, deixando Nico e Titi aflitos.

O MAPA DAS VENDAS

Já em casa, Nico e Titi não tiveram coragem de contar para Lelê que Suzana tinha descoberto tudo. Para evitar conversar com a irmã, se trancaram no quarto para fazerem a lição juntos e depois passaram a tarde jogando um *game* que Lelê detestava. Entretida com as próprias tarefas, a menina não reparou que os dois estavam fugindo dela.

– Amanhã decidimos com os outros o que fazer – disse Nico para Titi antes do jantar.

Assim que o sinal para o intervalo tocou, Nico chamou os colegas e revelou que Suzana tinha descoberto tudo. Titi se sentia culpado e preferiu se calar. Já Tomoko ficou brava consigo mesma.

– Eu deveria ter previsto isso; era óbvio que a Suzana iria acabar reparando em vocês dois. Afinal, ela já demonstrou que é bem inteligente! – reclamou.

Para piorar o humor da turma, Lelê chegou furiosa, puxou os dois irmãos para longe dos amigos e chamou a atenção deles.

– Eu disse que a Suzana não deveria perceber nada! Agora ela não quer mais ser minha amiga!

– Lelê, me escute. Ela vende porque gosta de fazer as revistas e porque está juntando dinheiro para fazer um curso. Você não acha esquisito somente o pessoal do Fundamental I comprar os gibis? Nossa ideia era descobrir o motivo, mas aí ela acabou percebendo que nós a seguíamos...

Titi, tentando se redimir, pegou a revista para mostrar à irmã.

– Olha, Lelê, a revista é legal. Sua amiga desenha muito bem – disse.

– Não quero saber de revista nenhuma! O combinado era que a Suzana não descobriria nada, e ela descobriu tudo! Acho bom vocês tentarem resolver essa situação, porque eu já pedi a ela um milhão de desculpas, mas não adiantou! – esbravejou. – Ah, e tem mais uma coisa: digam adeus aos ingressos da apresentação.

E saiu pisando duro.

Cabisbaixos, Titi e Nico voltaram ao grupo e explicaram que a irmã não iria mais dar os convites e que Suzana não queria mais ser amiga dela. Na manhã seguinte, Nico ressaltou que eles precisavam mesmo se aproximar da garota e explicar tudo. Sabendo disso, Olívia, a mais extrovertida da turma, sugeriu liderar o grupo nessa missão.

No intervalo, todos esperaram Suzana sair da aula e foram falar com ela. Lelê, percebendo a intenção deles, os seguiu até o parquinho.

– Queremos pedir desculpas – iniciou Olívia.

– Eu não queria ser grossa com vocês também, mas não posso vender revistas para a escola inteira, pois chamaria a atenção demais. Se os professores descobrissem algo, com certeza avisariam a direção e me proibiriam de vender meus quadrinhos – justificou Suzana.

A turma se entreolhou sem dizer nada.

– Eu gosto tanto de desenhar, de inventar as histórias... Adoro também conversar depois com os compradores e saber se estão gostando delas.

– Pretendo juntar uma parte do dinheiro para me matricular em um curso de pintura em aquarela. E, agora, faltando tão pouco para completar a quantia necessária, não posso correr o risco de ser pega. Acho que a direção da escola não vai ser branda comigo só por causa do meu espírito empreendedor – disse.

– Nós vamos pensar em algo para ajudar você, Suzana – falou Lelê, sentado ao lado da amiga. – Não vamos, pessoal?

– Sim, é claro que sim – responderam as crianças, ainda encabuladas pela confusão que causaram.

Suzana ficou meio desconfiada, mas acabou aceitando a proposta. Os agentes assumiram, então, a missão de bolar um plano e mostrá-lo antes para Suzana e Lelê. Primeiro se reuniram para montar um mapa detalhado da escola. Conforme um ia desenhando, os outros acrescentavam informações relevantes, como sala dos professores, cantina, mural da escola e sala de aula. Desse modo, poderiam definir quais os melhores lugares para abordar possíveis consumidores sem correrem o risco de um flagrante.

Nico e seus amigos fizeram um mapa secreto da escola, utilizando os códigos que Suzana inventou, para colocar as informações que eles queriam esconder. Pegue, no fim do livro, na página 89, um modelo em branco e crie um mapa da sua escola, inserindo os locais onde a turma do Nico poderia oferecer os gibis da quadrinista.

Use a tabela com os códigos para colocar os dados mais secretos do seu mapa. Quando finalizado, troque de mapa com seu amigo e descubra os locais secretos dele.

Eles se organizaram em turnos de vendas e, para ninguém desconfiar de nada, deixariam as revistas escondidas em uma mochila. Para vender o novo número da semana, a operação exigiria uma força-tarefa. Suzana tinha terminado de fazer muitas cópias da nova edição e já havia pintado quase todas elas. Naquela tarde, terminaria as que faltavam. Os agentes, então, espalharam pela pela Escola Rubi a nova charada, que dizia que, no intervalo do dia seguinte, as vendas aconteceriam dentro do ginásio.

OS ALUNOS, OS INSPETORES E A MOCHILA

Suzana passou a tarde e parte da noite colorindo as revistinhas, enquanto os Agentes DSOP se ocupavam de escrever os bilhetes com os códigos para atrair a clientela. Usando o mapa da escola que Nico e seus amigos montaram, disponível na página 91, vá completando o texto deste capítulo para acompanhar os locais por onde as crianças correram durante a fuga dos inspetores.

Fuga? Sim, você leu corretamente: fuga.

O dia não foi nada fácil. Tudo começou logo cedo. A quadrinista tinha feito 40 exemplares e os escondido no banheiro feminino, no cubículo que estava em constante manutenção, dentro de uma mochila azul. No recreio, Tomoko pegou a mochila e todos foram para o (lugar 1) ________________.

Uma boa quantidade de alunos estava lá. Os seis resolveram se espalhar para ter uma visão melhor do todo e atender as crianças de forma mais rápida e eficiente. Nico sorriu, contente, ao se deparar com tanta gente. Tomoko, mais pé no chão, ficou receosa.

– São muitos alunos aqui no ginásio, Nico... Isso vai chamar a atenção dos funcionários.

Ela estava certíssima. Com exceção da presença de alguns alunos que sempre jogavam bola no intervalo, o ginásio (principalmente a arquibancada) ficava vazio. Não demorou muito para um dos inspetores aparecer, suspeitando de algo. Da arquibancada, Fred, percebendo a aproximação de um funcionário da escola, fez um sinal para a turma, mostrando que eles estavam correndo perigo. Desconfiado, o inspetor foi atrás dos alunos.

Tomoko, atenta a cada movimento, sabia que o mais importante era se livrar da mochila azul com as revistas e deixá-la em lugar seguro. Por sorte, não demorou muito para dar de cara com Fred, que tinha saído pelos fundos, passado pela (lugar 7) ______________ para cortar caminho. Evitando correr a fim de não causar mais suspeitas, ela entregou a mochila para Fred, parou em frente ao (lugar 3) ________________________ e, para disfarçar, puxou conversa com uma garota que anotava as datas das provas.

Fred, por sua vez, começou a andar em direção à (lugar 4) ______________. O plano original era devolver as revistas para Suzana ou encontrar um lugar seguro para guardá-las. Nico, parado em um local estratégico, o (lugar 5) ______________, olhou para trás e viu que o inspetor se comunicava pelo rádio, dizendo que algo suspeito estava acontecendo na Escola Rubi e pedindo para todos ficarem de olho em um aluno carregando uma mochila azul.

Mesmo com medo, Nico correu para alcançar Fred. Ele até pensou em pedir para Olívia ou Tomoko esconder a mochila no (lugar 2) ______________, mas viu uma inspetora saindo de lá.

O jeito era entregar a mochila para (circule os Agentes DSOP na cena e descubra quem está faltando) ______________, que saiu bem rapidamente da vista de todos e seguiu em direção ao (lugar 6) ______________.

A inspetora viu que ele carregava uma mochila azul e não perdeu tempo:

– Ei, menino, venha aqui agora mesmo!

Ele fingiu que não a ouviu e apertou o passo até o parquinho. Chegando lá, viu que alguém estava inspecionando o lugar e tratou de sair dali rapidinho. Correu, então, o máximo que conseguiu. Passou pelo (lugar 8) ______________ , imaginando que seria uma boa ideia camuflar a mochila embaixo das cadeiras da plateia e buscá-la posteriormente.

Quando estava bem perto de concluir a missão, notou dois inspetores chegando e foi obrigado a mudar de direção. Ao sair do teatro, ele deu de cara com Olívia no (lugar 5) _______________, e ela já estava à espera dele com um skate! Em um movimento veloz, a menina colocou a mochila nas costas e saiu andando de skate pelo corredor lateral do colégio. André foi para o outro lado e encontrou Suzana no maior desespero.

– Onde estão as revistas? – questionou a garota.

– Com a Olívia. Fique tranquila e... Disfarce. Então, Suzana, você não consegue mesmo convites para o espetáculo do Fundamental II? Só preciso de dois – disse o menino, que logo viu que os inspetores se aproximavam.

– Ei, vocês dois, voltem ao pátio agora mesmo, o intervalo já vai acabar.

E, conforme anunciou o som estridente do sinal, acabou mesmo. André foi embora, enquanto Suzana correu para a classe. Ao passar pelo corredor que levava às (lugar 11) ____________________ , encontrou Olívia, que lhe entregou os exemplares das revistinhas e escondeu a mochila atrás de um armário.

Nesse momento, dois inspetores surgiram em sua direção.

– Se esconde depressa que eu me viro – sussurrou para Suzana.

– A mocinha poderia nos entregar o skate, por gentileza? Não sabe que é proibido trazer esse tipo de brinquedo para a escola? – grunhiu um deles.

– Não, não sabia. Me desculpem – falou Olívia.

– Volte já para a sua sala. Seu skate ficará, por enquanto, na secretaria – disse o outro.

Na saída, Lelê contou aos irmãos que a amiga tinha desaparecido. As crianças fizeram o trajeto de sempre, deixaram André em casa e seguiram com Maria para a casa deles. De longe, Nico viu Suzana no portão esperando por eles. Toda suja, a menina tinha os olhos vermelhos de tanto chorar. Nas mãos, uma mochila completamente destruída.

– Consegui escapar dos inspetores, mas, quando estava sentada no ponto de ônibus conferindo se os exemplares tinham ficado amassados, um caminhão passou em uma poça d'água e me molhou inteira. Não sobrou nada – lamentou.

HORA DE EMPREENDER

Vestida com uma camiseta limpa de Lelê e tomando leite quente preparado carinhosamente por Maria, Suzana se sentia um pouco mais calma. Mesmo assim, estava triste.

– É uma pena, mas não vou mais conseguir me matricular no curso de pintura em aquarela – contou para os amigos. – Usei boa parte do dinheiro que estava guardando para comprar as canetas coloridas para pintar cada um dos exemplares estragados. E também gastei muito com as cópias... Todo o meu trabalho foi para o lixo, e agora não tenho dinheiro nem energia para fazer mais revistas.

O sofrimento de Suzana partia o coração de Nico, Titi e Lelê. Depois que ela foi embora, os três conversaram sobre o assunto.

– Não é possível acabar assim... Precisamos achar alguma maneira de dar a volta por cima – comentou Lelê.

– Eu sei – respondeu Nico. – Vou pensar em algo, Lelê. Eu nem estou pensando nos convites do espetáculo, mas na Suzana. Ela é inteligente e talentosa e não merece se sentir tão para baixo.

Após refletir bastante por alguns dias, Nico teve uma ideia e a compartilhou com Lelê e os demais Agentes DSOP, e todos, sem exceção, concordaram com o plano. Até Tomoko, cética e racional como de costume, botou a maior fé:

– Isso vai dar certo! – comemorou.

No dia seguinte, Nico e os demais procuraram Suzana na saída da escola:

– Suzana, tenho certeza de que você vai voltar a fazer suas revistas. Você tem talento e criatividade para desenhar, mas também leva jeito para os negócios – falou Nico. – Essa situação é passageira. Se você aceitar nossa ajuda, vai recuperar aos poucos o dinheiro que perdeu e ainda fazer o curso que tanto queria. É só empreender.

– Empreender?

– Sim, não foi você mesma que disse ter espírito empreendedor? Aproveite a oportunidade e invente algo diferente. Meu conselho é fazer uma megapromoção com os números anteriores. Você ainda tem algumas cópias, não tem?

– Tenho, sim.

– Podemos oferecer essas edições passadas para o maior número de crianças sem que elas precisem decifrar enigmas ou coisa parecida. Assim, você vai atingir até mesmo aquelas que nunca adivinharam os códigos nem compraram uma revista.

– Hum... Nico, é uma sugestão bacana, mas o dinheiro da venda dessas edições antigas não vai ser o suficiente para pagar a matrícula do curso.

– Eu sei, mas o plano não acaba assim. Com parte do dinheiro da venda desses exemplares, você vai poder comprar mais canetinhas e papéis para criar uma nova edição. E aí, sim, com o dinheiro da venda dessa nova edição, você terá o valor total para pagar o curso.

Suzana refletiu um pouco. Após alguns segundos, disse:

– Você é um gênio, Nico! – deixando o garoto vermelho de vergonha.

– Você que é, Suzana! Trate de se concentrar em criar uma boa continuação para a história, e os agentes cuidarão do plano de negócios!

– Agentes?

– Somos detetives nas horas vagas e solucionamos coisas esquisitas que acontecem aqui em Guatinga, como as suas saídas misteriosas da sala de aula e...

– Ah, então quer dizer que eu sou esquisita, hein?! – disse Suzana, em tom de ironia.

– Não, não, não foi isso que eu falei, eu... – gaguejou Nico.

– Estou brincando, Nico! Preciso ir para casa rascunhar uns quadrinhos.

Naquela mesma tarde, Nico convocou uma reunião extraordinária com os Agentes DSOP na Praça Diamante para eles combinarem todos as etapas do plano. Em vez de oferecerem revistas de forma aleatória, eles primeiro anotariam os pedidos e levariam no dia seguinte a quantidade certa. Isso evitaria que andassem com diversos exemplares e que houvesse muitas crianças no mesmo local.

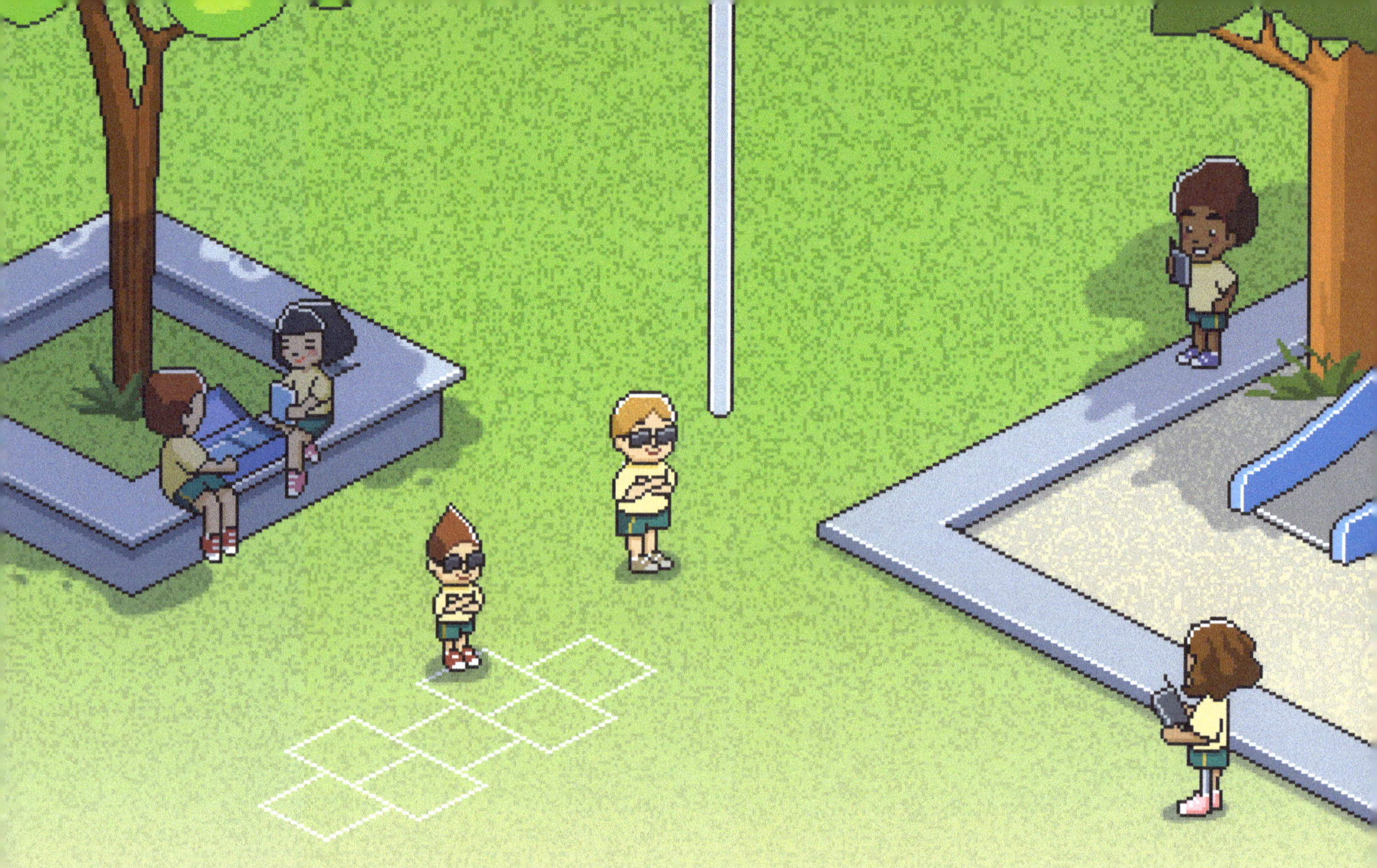

E assim fizeram: passaram a falar com os conhecidos, que espalharam a notícia, e começaram a receber várias encomendas. Eram repassadas para Suzana, que levava as revistas solicitadas no dia seguinte. Para estimularem as vendas futuras, Nico, Tomoko, Fred, Olívia, Titi e André diziam aos alunos que Suzana havia perdido os exemplares com a continuação da história e que precisava do dinheiro da venda dos antigos números para produzir novos.

Antes das entregas, eles se certificavam de que nenhum inspetor apareceria para atrapalhar tudo. Olívia e Fred vigiavam o local; Nico e Tomoko se encarregavam das vendas; Titi e André circulavam pelos arredores e ficavam atentos à movimentação dos funcionários.

Para não levantarem suspeitas, eles se revezavam nas funções. Em pouco tempo, venderam quase todo o estoque de Suzana, que agora tinha condições de comprar as canetinhas para pintar os novos exemplares. Tudo corria muito bem até que a professora de Nico apareceu por acaso na parte de trás da cantina e estranhou o burburinho.

– Você é do Fundamental II? – perguntou Alê à Suzana. – Por que está no intervalo de outra turma? Aliás, o que vocês estão fazendo aqui? Que revistas são essas?

Nervosa e com medo, uma menina do segundo ano acabou falando que não estava fazendo nada de mais: apenas comprando uma revista da quadrinista.

– Comprando? Quadrinista? Essa história está mal contada... Vocês dois venham já comigo! – anunciou a professora, apontando para Nico e Suzana.

Alê levou os dois para a sala dos professores e pediu que esperassem. Em seguida, chamou a coordenadora do Fundamental II e, juntas, as duas começaram a fazer uma série de perguntas. Sem escapatória, Suzana confessou que estava vendendo na Escola Rubi umas revistinhas que ela mesma fazia e o dinheiro seria usado para um curso com o qual sonhava havia muito tempo.

Nico admitiu que ajudava a amiga e que não via nada de errado nisso. Com direito a um bilhete oficial comunicando o ocorrido a seus pais, Suzana levou uma bronca por estar fora da aula para vender revistas.

Na semana seguinte, todos os alunos da escola – os de Fundamental I e II e até os do Ensino Médio – foram convocados para uma reunião. De microfone nas mãos, a diretora contou sobre a descoberta da venda de objetos dentro da escola. Boa parte das crianças olhou na direção de Suzana, que abaixou a cabeça, encabulada.

– Não é nossa intenção que os alunos percam aula para se dedicar a outras atividades. E, a partir de agora, esse tipo de venda está proibido.

Um burburinho tomou conta da quadra. Suzana, Nico e os demais se olharam, desanimados.

– Maaaaas – continuou – a escola acredita que é dever dela estimular atitudes inovadoras e empreendedoras de seus alunos. Sendo assim, o colégio vai promover mensalmente uma grande feira de empreendedorismo.

E você tem alguma ideia empreendedora? Sua escola promove algum tipo de feira? Escreva abaixo o que você gostaria de inventar se fosse participar da feira na Escola Rubi de Guatinga.

A GRANDE FEIRA E OS GRANDES PLANOS

Mal a coordenadora terminou de falar, ouviram-se gritos de comemoração dos alunos. De tanta felicidade, Suzana nem conseguia falar. Nico, Lelê, Fred, André, Tomoko e Olívia a cercaram e todos deram um grande abraço coletivo. Titi também participou do ato e, como era de praxe, inventou uma nova dancinha comemorativa da vitória, que dessa vez foi acompanhada por todos os outros.

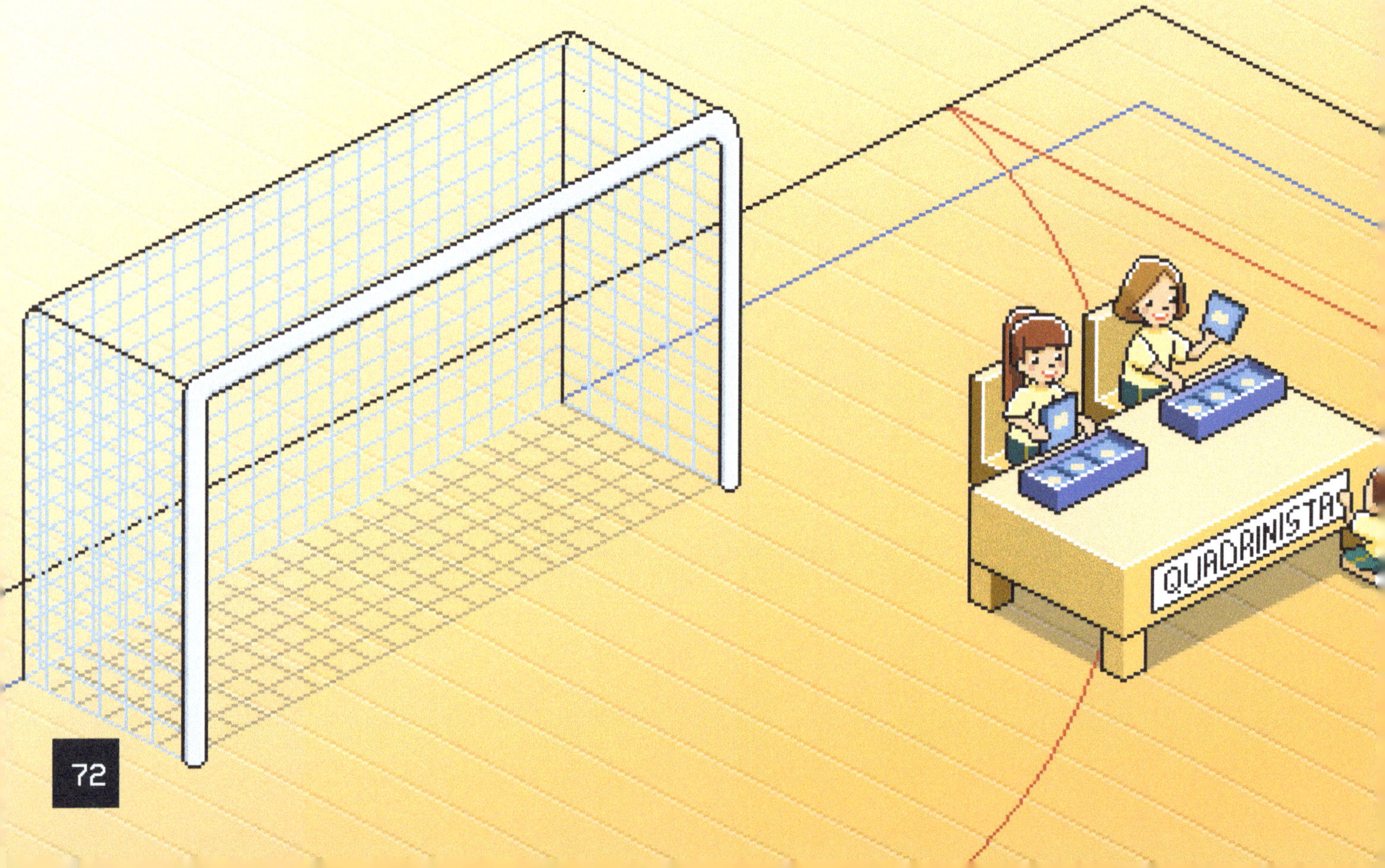

Os agentes queriam ajudar Suzana de alguma forma. Como não sabiam desenhar nem pintar tão bem quanto a garota, as crianças, empreendendo conhecimentos das aulas de educação artística, se encarregaram de produzir cartazes para colocar na mesa em que ela venderia as revistas.

André sugeriu que os serviços dos Agentes DSOP também fossem divulgados na feira.

– Afinal, temos anos de experiência e bons resultados!

Todos riram, mas Titi levou André a sério.

– Eu topo! O que podemos fazer?

E os dois começaram uma conversa que, na opinião de Nico, "não tinha pé nem cabeça". Ele e os outros agentes passaram a cogitar levar algo para vender. Empreender parecia ótimo, mas eles ainda não sabiam exatamente como. Resolveram esperar para ver como seria a feira e, se tivessem alguma ideia, poderiam implementá-la depois, já que o evento seria contínuo.

As dificuldades enfrentadas e o propósito de um bom trabalho tornaram Lelê e Suzana ainda mais unidas. Nas tardes anteriores à primeira edição da feira, Lelê passou horas na casa da amiga para ajudá-la a montar revistas, grampeá-las e colocá-las em saquinhos. A ajudante, vejam só, até se arriscou a pintar alguns quadrinhos.

– Lelê, você leva jeito para a pintura, sabia? Adorei a combinação de cores que você inventou – elogiou Suzana, deixando a amiga orgulhosa e contente.

Pegue, na página 93, uma folha pré-montada de uma HQ e faça você sua história. Lembre-se de criar textos curtos para cada quadro e de usar a imaginação para ilustrar a cena. Depois, troque com os colegas. Vocês podem fazer histórias em conjunto e até mostrá-las para os colegas das outras salas.

Lelê cumpriu o acordo com os Agentes DSOP e lhes deu os ingressos para o espetáculo do Fundamental II.
Nico e Lelê ficaram ainda mais unidos após a aventura para descobrir o enigma da quadrinista.
Nico também aprendeu a respeitar todas as ideias, inclusive as do irmão menor, Titi.
Para agradecer a ele, retirou parte do dinheiro de seu cofrinho.
E presenteou Titi com um novo carrinho.

A feira, como era de se esperar, foi um sucesso. O estande da "QUADRINISTA" foi um dos mais visitados. Além de ter vendido todas as revistas que levou, Suzana formou uma lista imensa de encomendas! Tomoko e Fred sugeriram que ela achasse uma nova forma de pintar as revistas para agilizar o processo. Com a ajuda de Nico, Suzana já imaginava o que fazer.

A venda dos exemplares na feira possibilitou juntar o dinheiro necessário para o curso de aquarela. Só que, como estava gostando da história de ser empreendedora, a menina decidiu ir ainda mais longe. Ao perceber que Lelê tinha um superjeito, convidou a amiga para fazer um segundo curso com ela: o de pintura digital.

Suzana explicou que o dinheiro que economizaria na compra das canetas seria empreendido na impressão dos gibis com mais qualidade e rapidez. Não seria necessário pintar uma por uma. Os amigos acharam ótima a ideia.

– E tem mais, Lelê – anunciou. – Você não quer se tornar minha sócia no negócio da venda dos quadrinhos? Posso também lhe dar umas dicas sobre como montar as histórias, já que você é fera na pintura.

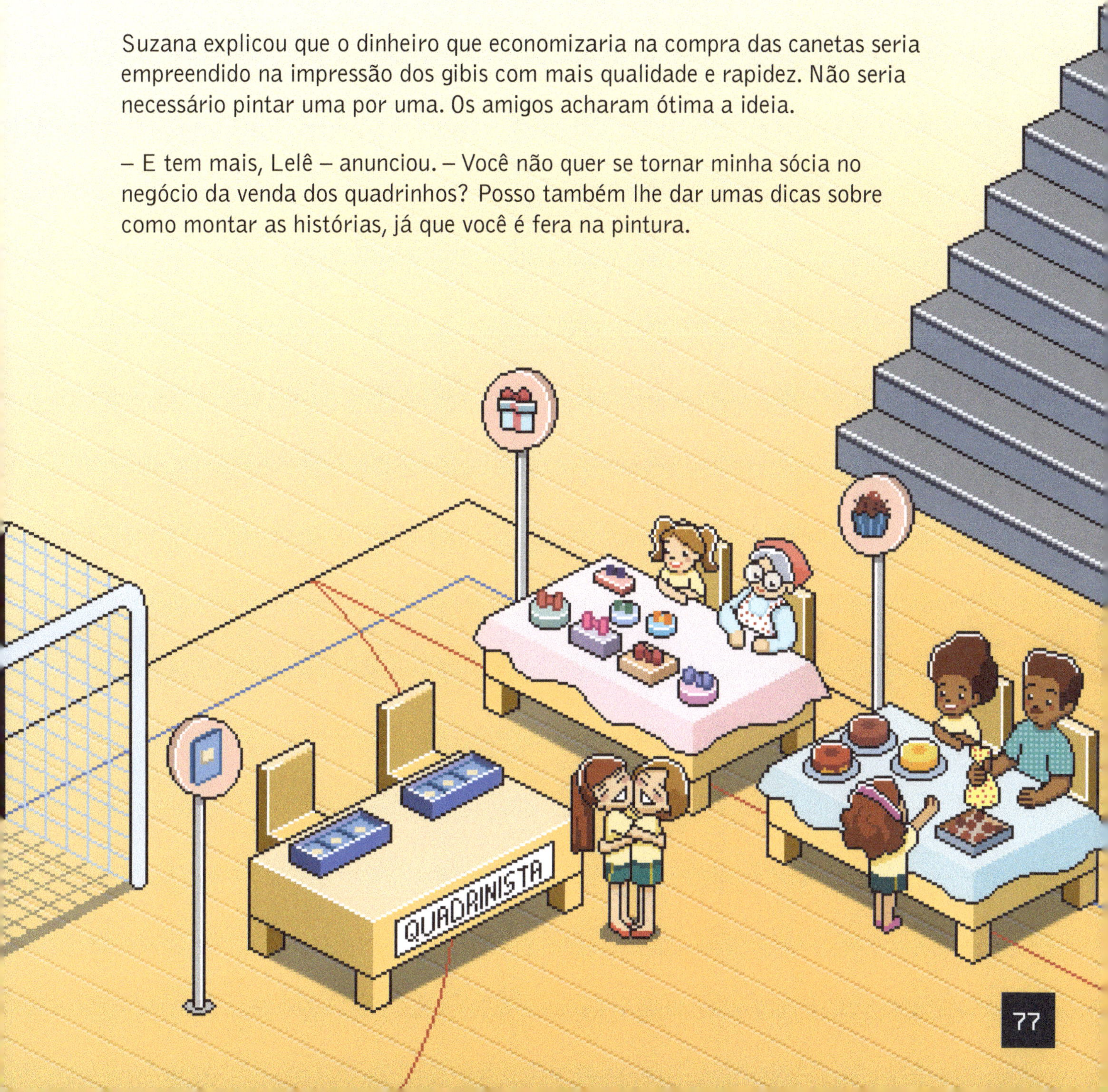

Lelê ficou encantada com a possibilidade de se tornar uma jovem empreendedora ao lado de sua grande amiga e, claro, aceitou o desafio. As duas emendaram um papo animado sobre várias outras ideias que poderiam colocar em prática para conseguir realizar seus sonhos.

Havia vários tipos de empreendimentos da feira: Fred e seu pai, por exemplo, vendiam quitutes (e é lógico que o garoto separou um especial para Suzana, que retribuiu a gentileza com uma edição com a caricatura dele especialmente autografada). Uma dupla de meninas do oitavo ano montou uma barraca de aulas de reforço para ajudar outros alunos em lições que eles não entendiam. Três meninas do Ensino Médio faziam pequenos
filmes para serem postados na internet.

E, em um cantinho da feira, para surpresa de Nico, Tomoko, Fred e Olívia, estavam André e Titi oferecendo os serviços de investigação.

– Poxa, vocês nem nos avisaram – reclamou Nico.

André logo foi se defendendo, dizendo que tinha, sim, dado um aviso:

– Você que não me escutou, Domênico! Para um detetive que pretende ter sucesso na vida, sua audição e seu senso de atenção andam um pouquinho falhos, não andam? – ironizou André.

– Agora tenho mais um parceiro, alguém realmente à minha altura, um detetive que entende a minha mente analítica e excepcionalmente astuta... Titi.

Nico revirou os olhos:

– Eu mereço, viu... – riu Nico.

– E já tem alguém interessado nos nossos serviços? – quis saber Tomoko.

– Tem, sim. Um caso está acontecendo aqui mesmo dentro da escola – contou André. – Uma menina relatou que alguns livros vêm sumindo misteriosamente da Biblioteca Safira.

– E hoje é só nosso primeiro dia de feira, colegas. Isso merece uma comemoração com uma dancinha da vitória – falou Titi.

– Nãoooooo! – gritaram os outros, aos risos, tapando os olhos para não ver a coreografia desengonçada de André e Titi.

APÊNDICE

PÁGINAS 10 E 42

A	△
B	○
C	→
D	←
E	●
F	▲
G	↓
H	↓
I	←
J	⇇
L	#
M	▽
N	▼
O	□
P	■
Q	▨
R	↑
S	→
T	←
U	⇄
V	⇄
X	◺
Z	◣
W	◿
Y	◢

Y
W
Z
X
V
U
T
S
R
Q
P
O
N

M
L
J
I
H
G
F
E
D
C
B
A

(1) (17)U(1)(18)(20)A (5)(4)(9)ÇÃ(15) G(1)(12)Á(3)T(9)(3)(1)

A QUARTA

(2)(5)(13) NA (19)(1)(12)A (4)(5) (9)(14)(6)(15)R(13)ÁT(9)(3)(1)

(14)(1) Q(21)(9)(14)T(1)-(6)E(9)(18)A (16)(1)(18)(1)

C(15)(13)(16)R(1)(18)

A(14)(20)(5)S D(5) (15) S(9)(14)(1)(12) D(5) E(14)(20)R(1)(4)(1)

(20)O(3)(1)R

Dica: Substitua os números pelas letras e desvende o enigma.

a – 1; b – 2; c – 3; d – 4; e – 5; f – 6; g – 7; h – 8; i - 9; j – 10; k –11; l – 12; m – 13; n – 14; o – 15; p – 16; q – 17; r – 18; s – 19; t – 20; u – 21; v – 22; w – 23; x – 24; y – 25; z – 26;

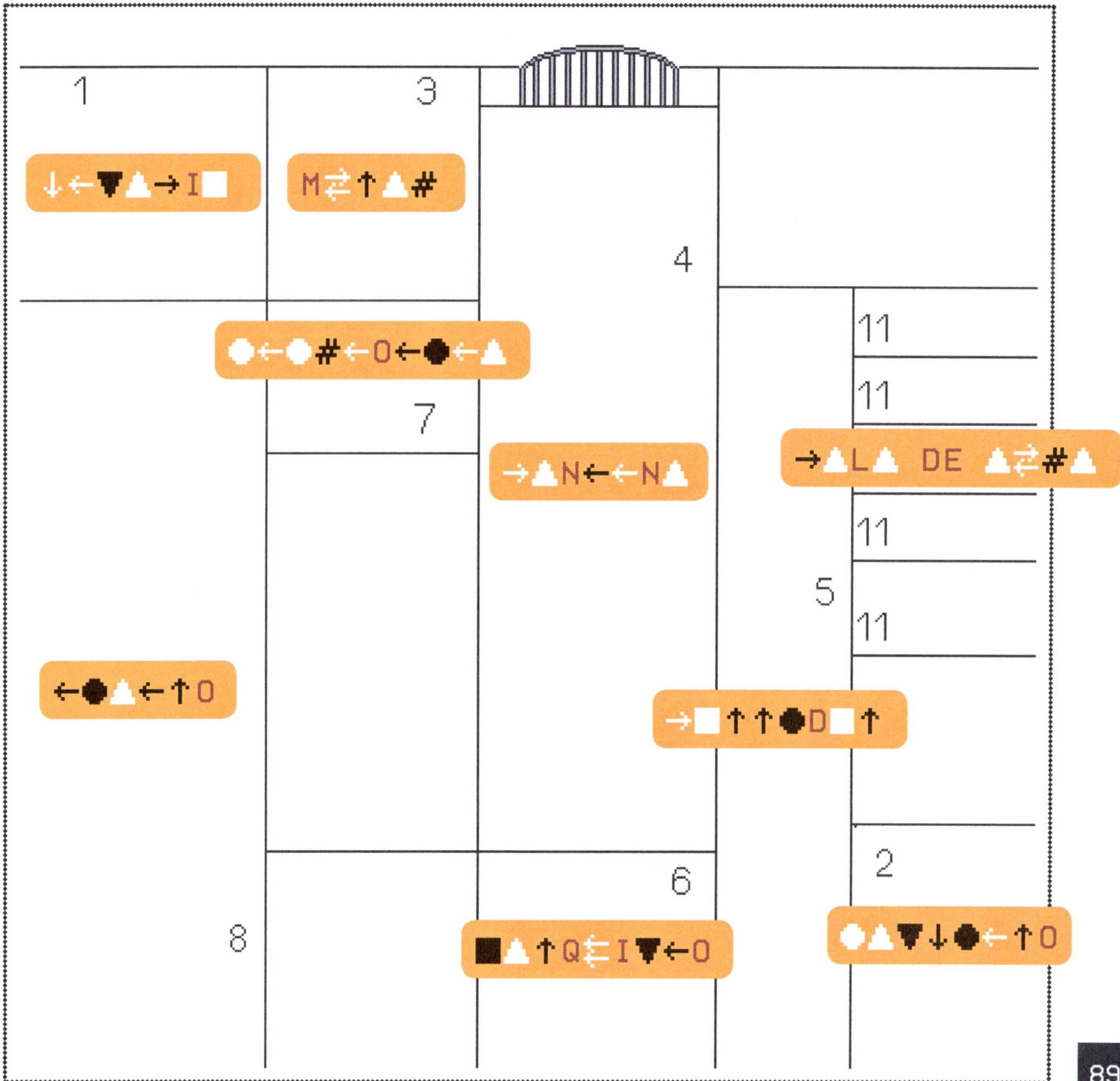
1
↓←▼▲→I■
3
M⇄↑▲#
4
●←●#←O←●←▲
7
→▲N←←N▲
11
11
→▲L▲ DE ▲⇄#▲
11
5
11
←●▲←↑O
→■↑↑●D■↑
2
6
8
■▲↑Q⇇I▼←O
●▲▼↓●←↑O

RESPOSTAS

PÁGINA 10

Se a segunda você comprar
melhor não atrasar
na terça, no parquinho.

PÁGINA 19

Me encontre no portão
vá discreto e leve troco
na quinta antes do almoço.

PÁGINA 28

A quarta edição galáctica
bem na sala de informática
na quinta-feira para comprar
antes de o sinal de entrada tocar.

PÁGINA 42

Vocês se acham espertos
não deveriam bisbilhotar tão de perto
percebi vocês me seguindo
deem o fora e sigam seu caminho.

PÁGINA 42

Resposta pessoal.

PÁGINA 54

Lugar 1 – ginásio.

PÁGINA 56

Lugar 7 – biblioteca.
Lugar 4 – cantina.
Lugar 5 – corridor.
Lugar 2 – banheiro feminino.

PÁGINA 57

André.

Lugar 6 – parquinho.

PÁGINA 58
Lugar 8 – teatro.

PÁGINA 59
Lugar 5 – corredor.

PÁGINA 60
Lugar 11 – salas de aula.

PÁGINA 71
Resposta pessoal.

PÁGINA 74
Resposta pessoal.

©Wellington Nemeth

Reinaldo Domingos nasceu em Casa Branca, interior de São Paulo. Filho de pai ferroviário e de mãe autônoma, aos 12 anos de idade realizou o primeiro dos seus muitos sonhos: comprar uma bicicleta. Atualmente, é PhD em Educação Financeira e mentor de uma metodologia comportamental, a **Metodologia DSOP**, que vivenciou a partir dos seus 12 anos, sobre como é possível realizar todos os sonhos – materiais ou não materiais.

Autor do *long-seller Terapia Financeira* e de diversos outros livros, publicou as séries *O Menino e o Dinheiro* e *O Menino do Dinheiro*; e os livros *O Menino do Dinheiro em Cordel; Ter Dinheiro Não tem Segredo; ABCD da Educação Financeira, Mesada não é só Dinheiro, Sabedoria Financeira, Papo Empreendedor* e a série *Dinheiro Sem Segredo*. É autor, ainda, de duas Coleções Didáticas de Educação Financeira para o Ensino Básico; E também é autor do mais novo lançamento da Editora DSOP, a *Coleção dos Sonhos para Educação Financeira*, que faz parte dos programas "Descobrir", "Explorar", "Expandir" e "Construir", adotada por diversas escolas públicas e privadas.